AF870241

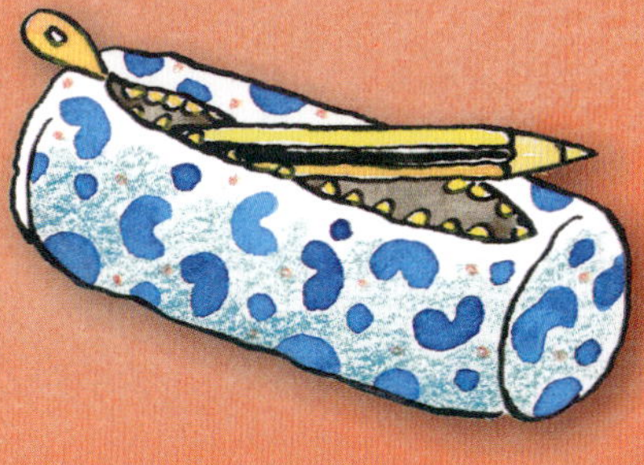

7 Minuten-Geschichten zum Lesenlernen

Schulspaß für alle!

Loewe

www.leseloewen.de

FSC
www.fsc.org
MIX
Papier | Fördert gute Waldnutzung
FSC® C018236

ISBN 978-3-7855-8763-8
2. Auflage 2024
© 2018 Loewe Verlag GmbH, Bühlstraße 4, D-95463 Bindlach
Inhalte aus Einzelausgaben der Reihen *Lesetiger* und *Lesespatz*
© 2001–2012 Loewe Verlag GmbH, Bühlstraße 4, D-95463 Bindlach
Umschlagillustration: Dominik Rupp
Umschlaggestaltung: Elke Kohlmann
Druck und Bindung: Drukarnia Dimograf Sp. z o.o.,
ul. Legionów 83, 43-300 Bielsko-Biala, POLEN

www.loewe-verlag.de

Inhalt

Roberto

Roberto ist neu in der Klasse.
Er kommt aus Italien.

Wenn er redet, wedelt er
heftig mit den Händen.
Das sieht lustig aus.

Roberto sitzt neben Luise.
Darüber freut sich Luise.
Roberto hat so schöne
schwarze Locken.

Wenn Roberto Quatsch macht,
haben die Kinder viel Spaß
und lachen.

Nur Sophie lacht nicht.
Seit Roberto da ist,
hat Luise keine Zeit mehr für sie.

In der Pause zeigt Roberto Luise,
wie man Räder schlägt.
Sophie spielt alleine mit ihrem Ball.

Plötzlich kommt der freche Fred
und schießt Sophies Ball
auf den großen Baum.

Fred und seine Freunde grinsen.
Sophie weint. So eine Gemeinheit!

Da kommt Roberto angerannt.
„Lass Sophie in Ruhe! Capito?“,
sagt er zu Fred.

Und schon klettert Roberto,
geschickt wie ein Eichhörnchen,
auf den großen Baum.

Immer höher und höher
steigt er den Stamm hinauf.

Vorsichtig balanciert er auf einen Ast.
Dort am Ende liegt Sophies Ball.

Sophie hält den Atem an.
Hoffentlich fällt Roberto nicht herunter!

Aber Roberto erreicht den Ball
mit dem Fuß
und kickt ihn zu Sophie hinunter.

Schon steht Roberto wieder neben ihr.
„Alles in Ordnung, Signorina?“
„Ja, danke!“, strahlt Sophie.

„Dann können wir ja jetzt
alle miteinander Ball spielen!“,
schlägt Roberto vor.

Fred guckt mürrisch
zu seinen Kumpels.
Aber schon kickt ihm Roberto
den Ball zu.
Das Spiel beginnt
und alle machen mit.

Luise drückt Sophies Hand.
„Roberto ist so nett!“, lacht Sophie.
„Wie gut, dass er unser Freund ist.“

Der Bücherwurm

Wütend starrt Alex auf
das Leihregal in ihrer Klasse.
Schon wieder fehlt ein Buch!

Und nirgends steht,
wer es sich ausgeliehen hat!

Das heißt, jemand in ihrer Klasse klaut Bücher. Alex wird den Dieb stellen. Das steht fest!

Nach der letzten Stunde stürmen alle zur Tür hinaus.

Nur Alex putzt noch die Tafel.
Als niemand mehr im Zimmer ist,
versteckt sie sich schnell dahinter.

Es passiert lange nichts.
Doch dann öffnet sich langsam die Tür.

Und wer kommt herein?
Oliver aus der zweiten Klasse.

Er schleicht zum Leihregal
und nimmt sich ein Buch heraus.

Da tritt Alex wütend hinter
der Tafel vor und fragt:
„Wieso klaust du unsere Bücher?“

Oliver zuckt zusammen.
Das Buch fällt ihm aus der Hand.

Er murmelt: „Ich klaue nicht! Die Bücher aus dem Leihregal in meiner Klasse habe ich alle schon gelesen.

Da habe ich mir heimlich welche von euch ausgeliehen. Was soll ich denn sonst lesen?“

Alex starrt Oliver erstaunt an.
Der greift unter seine Jacke und zieht ein Buch hervor. „Das wollte ich wieder zurückstellen."

„Und genau das habe ich gesucht", sagt Alex. „Ist es spannend?"

Oliver nickt und bückt sich.
Er hebt das andere Buch auf
und will es wieder ins Regal stellen.

„Warte!“, sagt Alex. „Ich leih es für dich aus. Wir Bücherwürmer müssen doch zusammenhalten.“

Heimlich

Stefan hat einen neuen Stift
mit einem Hasenkopf
zur Schule mitgebracht.

Stolz zeigt er ihn
den Kindern in seiner Klasse.
Auch dem Lehrer.

Markus sitzt neben Stefan.
Er ist traurig und wütend.

Dauernd hat Stefan neue Sachen:
neue Kappen, neue Strümpfe,
neue Kartenspiele.

Als Stefan hinausgegangen ist,
steckt Markus den Stift
heimlich in seine eigene Tasche.

Später sitzt er
mit rotem Kopf neben Stefan.
Aber Stefan merkt nichts.

Zu Hause versteckt Markus
den Stift zuerst unter seinem Bett.

Dann vergräbt er ihn
tief in einem Blumentopf.

Am nächsten Tag ist Stefan traurig.
Seine Eltern haben geschimpft,
weil er den neuen Stift verloren hat.

Die Kinder suchen nach dem Stift.
Auch der Lehrer.
Doch niemand findet ihn.

In der Nacht kann Markus nicht schlafen.
Leise gräbt er den Stift wieder aus
und macht ihn sauber.

Und jetzt?
Markus weint in sein Kopfkissen.

Am nächsten Tag will Markus
all seinen Mut zusammennehmen
und Stefan die Wahrheit sagen.

Aber immer sind
andere Kinder in der Nähe.

Markus rennt aufs Klo,
wenn Stefan aufs Klo geht.

Er rennt zur Turnhalle,
wenn Stefan dorthin läuft.
Nie sind die beiden allein.

Schließlich schiebt Markus den Stift im Unterricht zu Stefan hinüber.

„Ich habe den Stift genommen“, flüstert er mit zitternder Stimme. „Ich wollte auch mal etwas Neues haben.“

Stefan sieht sehr erstaunt aus.
Lange sagt er gar nichts.

Dann schiebt er den Stift zurück.
„Ich leihe ihn dir“, sagt er,
„solange du willst.“

So ein Theater!

„Am Schulfest führen wir
ein Theaterstück auf!“, sagt Herr Bach.

Die Kinder freuen sich.
Theaterspielen ist toll!

Zuerst machen die Kinder
richtige Schauspielübungen.
Sie strecken sich und gähnen.

Sie schleichen wie eine Katze.
Sie brüllen wie ein Löwe.

Bald schon üben die Kinder
mit richtigen Kostümen.

Jana ist eine schicke Gräfin
mit einer teuren Glitzerkette.

Ein Dieb klaut die Kette
und versteckt sie im Kronleuchter.
Tom ist der Detektiv.
Er soll die Kette wiederfinden.

Valentin ist sauer, dass er
nicht der Detektiv sein darf.
Er spielt nur den Diener
und Tom lacht ihn aus.

Endlich ist es so weit!
Das Schulfest beginnt.
Die Theaterkinder stehen bereit.

Der Vorhang öffnet sich.
„Hilfe, Hilfe!“, ruft die Gräfin.
„Meine Kette ist verschwunden!“

Da kommt Tom, der Detektiv.
Er hat eine dunkle Sonnenbrille auf
und trägt einen eleganten Anzug.

Tom sucht und sucht.
Aber er findet die Kette nicht.
Sie hängt nicht wie abgesprochen
im Kronleuchter.

Tom ist verzweifelt.
Die Zuschauer halten den Atem an.

Niemand sieht die Glitzerkette
unter dem Rock.
Zu dumm! Sie muss vom Kronleuchter
wieder heruntergefallen sein.

Valentin bemerkt plötzlich ein Glitzern
unter dem Saum des Rockes.
Valentin ist schlau. Er hat eine Idee!

Unbemerkt schnappt sich Valentin
die Kette.
Er legt sie auf sein Silbertablett
und läuft zu Tom.

„Ein Glas Sekt, der Herr Detektiv?“,
fragt Diener Valentin höflich.
Tom starrt überrascht auf das Tablett.

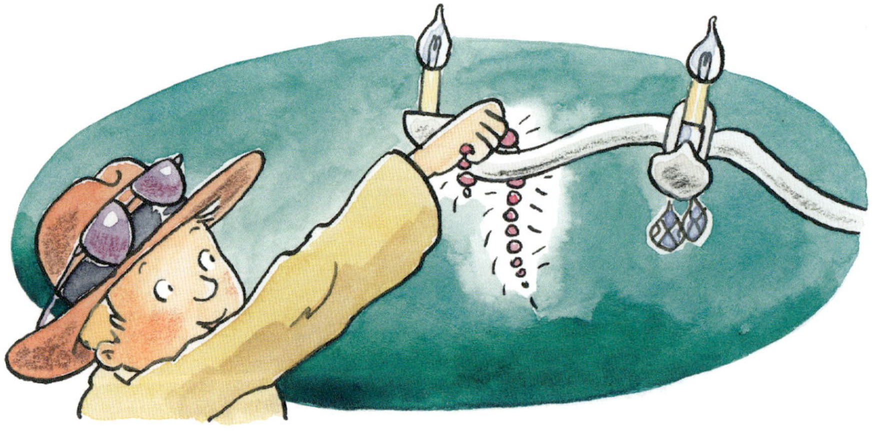

Doch dann nimmt er die Kette,
schmuggelt sie unauffällig
in den Kronleuchter
und fischt sie sofort wieder heraus.

Mit einer Verbeugung überreicht Tom der Gräfin die Kette.

Die Zuschauer klatschen begeistert.
„Bravo! Bravo!“, rufen sie immer wieder.

Die Kinder verbeugen sich.
Sie freuen sich
über den großen Applaus!

„Danke, dass du mich gerettet hast!“,
sagt Tom erleichtert.
„Schon gut, du Superdetektiv!“,
grinst Valentin.

In der Piratenschule

Lola wirft ihre Flaschenpost
mit Schwung ins Meer.
Denn Opa fährt zur See.

Es dauert keine Woche,
bis er kommt.

„Ich will Pirat werden,
genau wie du!“, ruft Lola.
„Muss ich dann zur Schule gehen?“

„Klar musst du in die Schule!“
Opa grinst.
„Aber in die Piratenschule!“

Am nächsten Nachmittag
geht Opa mit Lola zum Hafen.

Auf einem alten Dreimaster
gibt es eine Schule,
in der man weder lesen
noch schreiben lernt.

Die Kinder sitzen auch nicht
brav an den Tischen.
Nein, sie klettern die Taue hoch.

Lola klettert gleich mit.
Und rutscht dann den Mast hinunter.
Das macht Spaß!

Als Nächstes lernen sie
Enterhaken-Weitwurf.

Dann übt die Piratenklasse,
Grimassen zu schneiden.
Noch nie war ein Lehrer
so zufrieden mit Lola!

Ihr neuestes Lieblingsfach
ist aber das Fluchen.
Man stemmt die Arme in die Seiten
und brüllt die schlimmsten Wörter,
die einem einfallen.

„Darf ich jetzt
jeden Tag hierher?“,
fragt Lola.
„Klar doch“, meint Opa.

Von nun an geht Lola
richtig gern zur Schule.
Nur Ferien sind noch schöner!

Der Geburtstagswunsch

Lea hat heute Geburtstag.
Sie bringt Schokoladenkuchen mit.

„Herzlichen Glückwunsch!“, ruft Pit.
„Mhm, Kuchen!“, freut sich Juliana.

Stolz setzt sich Lea auf den Stuhl
auf dem bunten Geburtstagsteppich.

Frau Sommer zündet eine Kerze an
und die Kinder singen
ein Geburtstagslied für Lea.

Dann essen sie miteinander
Leas leckeren Schokoladenkuchen.

„Lea darf sich etwas wünschen!“,
sagt Benedikt.
„Wenn wir die Daumen drücken,
dann geht der Wunsch in Erfüllung.“

Sofort denken alle Kinder
an den kleinen Pipsi.

Pipsi ist Frau Sommers Wellensittich.
Sein Käfig steht auf dem Fensterbrett.
Aber der Käfig ist leer!

Gestern ist der kleine Pipsi
durch das offene Fenster ausgerissen.

Lea wünscht sich ganz fest,
dass der kleine Pipsi zurückkommt.
Alle Kinder drücken die Daumen.

Pipsi soll wieder mitzwitschern,
wenn die Kinder singen.

Und über ihre Köpfe flattern,
wenn sie schwierige Aufgaben
rechnen müssen.

Da klopft es leise gegen das Fenster.
Pick, pick, pick. Was ist das nur?

Pipsi! Lea entdeckt
den kleinen Ausreißer als Erste.

Schnell öffnet Lea das Fenster.
Pipsi fliegt auf Leas Schulter
und knabbert zart an ihrem Ohr.

Die Kinder jubeln
und Frau Sommer strahlt.
Das Daumendrücken hat geholfen!

Retter in letzter Not

Gleich geht es los!
Marliese guckt neugierig
durch den Spalt im Vorhang.

Alle sind da, um sich das Musikstück
anzuhören: die Eltern, die Lehrer und
die anderen Schüler.

Ob sie auch alles richtig spielt?
Marliese hat viel auf ihrer Flöte geübt.
Trotzdem ist sie aufgeregt.

Sie zappelt von einem Bein auf das andere. Scheppernd fällt ihre Flöte auf den Boden.

Paul neben ihr hebt die Flöte auf.
„Das klappt schon“, sagt er
und lächelt sie an.

Marliese braucht keinen Trost,
schon gar nicht von Paul,
dem Liebling aller Lehrer.

„Klar“, brummt Marliese deshalb nur und marschiert mit den anderen auf die Bühne. Paul steht direkt neben ihr. Auch das noch!

Der Lehrer gibt das Startzeichen. Alle legen los.

Auch Marliese bläst kräftig in
ihre Flöte. Aber was ist das denn?

Die Flöte klingt ganz schief.
Paul guckt sie komisch an.
Ob sie falsch gespielt hat?

Verstohlen betrachtet Marliese ihre Flöte. Da sieht sie es!

Die Flöte hat einen kleinen Riss. „Das ist passiert, als sie runtergefallen ist“, denkt Marliese und flötet nur noch ganz leise.

Aber sogar Katrin und Klaus starren sie wütend an. Was soll sie jetzt nur tun?

Da flüstert ihr Paul schnell zu: „Tu nur so, als ob du spielst. Ich flöte lauter. Das merkt keiner!“

Das ist eine super Idee!
Marliese schaut Paul dankbar an.

Paul blinzelt ihr verschmitzt zu
und bläst kräftig in die Flöte.
Marliese bewegt nur ihre Finger.
Es klappt, keiner merkt etwas!

Alle klatschen begeistert.
Marliese strahlt und verneigt sich.

„Danke“, flüstert sie Paul zu.
Und der zwinkert zurück.

Lesepatentante

Milena ist eine Leseratte.
Wo sie geht und steht,
hat sie ein Buch vor der Nase
und liest.

Märchen findet Milena wunderbar.
Dornröschen ist ihr Lieblingsmärchen.

Heute ist ein besonderer Tag
für Milena.
Sie wird die Lesepatentante
vom kleinen Toni aus der 1a.

Jede Woche wird Milena nun
mit ihrem Patenkind lesen.
Milena freut sich.

Viele aufgeregte neue Onkel
und Tanten
stehen vor den Erstklässlern.

Die Lehrerin stellt die Kinder vor.
„Lieber Paul, das ist dein Onkel Jan!
Liebe Jule, das ist deine Tante Susi."

Milena ist so aufgeregt.
Wer von all diesen Kindern ist Toni?
Etwa der mit dem roten Schopf?

Nein, Toni ist der Junge
mit den lustigen Sommersprossen.
Milena begrüßt ihn freundlich.

Die beiden suchen sich
einen gemütlichen Leseplatz
direkt in der Kuschelecke.

Toni liest aus der Fibel vor.
Sein Finger wandert von Wort zu Wort.

Lesen ist noch schwer für Toni.
„Du machst das gut!“, lobt Milena.

Dann kommt ein schwieriges Wort.
Toni kann es nicht lesen.

„Du bist doof!“, sagt er zu Milena.
Bockig verschränkt Toni die Arme.

„Gibt es Probleme?“, fragt Frau Bär.
Milena hat Tränen in den Augen.
„Toni mag mich nicht!“, sagt sie.

Frau Bär streichelt Milenas Rücken.
„Ich habe dir zugesehen!“, sagt sie.
„Du bist eine gute Patentante.
Lesen ist einfach noch schwer
für Toni.“

Dann liest Milena Toni
ein Märchen vor.
Es erzählt von einer Prinzessin
und einer riesigen Dornenhecke.

Milena kann wunderbar lesen.
Mit großen Augen hört Toni ihr zu.

An der spannendsten Stelle
kuschelt er sich ganz fest an Milena.

Die Lesestunde ist zu Ende.
„Das war so schön!“, sagt Toni.
„Ich mag dich gern, Milena!“

Prinz, der Kicker

Anton ist neu in der Klasse.
Nirgends gehört er richtig dazu.
Immer ist er allein.

Nicht einmal beim Kicken auf dem
Schulhof darf er mitmachen.
Denn Stefan hat gesagt, dass sie
schon genügend Kicker sind.

Deshalb schaut Anton
in der großen Pause den anderen
beim Fußballspielen nur zu.

Da raschelt es hinter ihm
im Gebüsch. Erschrocken
dreht sich Anton um.

Es ist Prinz, sein Hund.
„Was machst du denn hier?“,
fragt Anton erstaunt.

Prinz schielt nach Antons Brot.
„Du Vielfraß!“, lacht Anton und bricht
ihm ein Stück davon ab.

„Gebt den Ball wieder her“, hört er Stefan da rufen. Die älteren Schüler haben sich den Ball geschnappt.

Sie werfen sich den Ball zu.
Aber so, dass die Kicker ihn nicht erwischen können.

Die rennen und hüpfen hinter
dem Ball her. Die Großen lachen.

Plötzlich springt Prinz auf
und jagt über den Schulhof.

Er macht einen riesigen Satz
und schnappt sich den Ball.

„Prinz, hierher“, ruft Anton.
Verdattert schauen die Großen
dem Hund hinterher.

„Gut gemacht", sagt Anton, als Prinz ihm den Ball vor die Füße legt.

Dann läuft er damit zu Stefan und den anderen Kickern.

„Gib den Ball wieder her, Kleiner“, drohen die älteren Schüler und machen einen Schritt auf ihn zu.

„Lasst uns bloß in Ruhe“, sagt Anton und wirft den Kickern den Ball zu.

Lachend fängt einer der Großen den Ball. Prinz knurrt und springt auf ihn zu.

Erschrocken lässt er den Ball fallen. Dann hauen die älteren Schüler alle ab.

„Jetzt hast du aber genug mit dem Ball gespielt“, sagt Anton zu Prinz. Er schießt den Ball zu Stefan.

Und der ruft zurück: „Los, Anton, zeig mal, ob du so gut kickst, wie dein Hund knurrt!“

Annelies Schwarz

Zitterknax zaubert Zahlenspaß

Illustriert von Silke Voigt

Wo ist die Sieben?

Zitterknax,
der kleine Zahlenzauberer,
ist gerade aufgestanden.

Wie jeden Morgen zählt er
erst einmal seine Zahlen.

So sieht Zitterknax gleich,
ob alle Zahlen da sind,
mit denen er zaubern will.

Zitterknax zählt:
„1, 2, 3, 4, 5, 6 – halt!
Wo ist denn nur
die Sieben geblieben?“

Zitterknax sucht sie überall
in seinem Schloss.

Plötzlich galoppiert die Sieben
an ihm vorbei.
„Fang mich doch!“, ruft sie.

Zitterknax ist sehr schnell.
Schwupp! Schon hält er
die Sieben in der Hand.

„Ach!“, seufzt sie.
„Mir ist heute so langweilig.
Zaubere mir doch bitte
die Vier und die Drei herbei!“

Der Zahlenzauberer lacht.
„7 ist auch 3 + 4,
fix zaubere ich sie her zu dir.“

Jetzt hält die Sieben
in jeder Hand eine Zahl.

Zitterknax zaubert weiter:
„Vier und Drei,
ich geb euch frei,
Fünf und Zwei, herbei, herbei!
Eins und Sechs dazu
und dann ist Ruh!“

„Was ich alles bin!“,
jubelt die Sieben.
„3 + 4, 5 + 2, 1 + 6!“

„7, 6, 5, 4, 3, 2, 1!“,
zählt Zitterknax
und betrachtet zufrieden
sein Werk.

Knaster und die Einladung

Plötzlich klopft es
an die Fensterscheibe.
Ein großer schwarzer Rabe
schaut herein.

„Da bist du ja, Knaster!“,
ruft Zitterknax erfreut.
Er öffnet schnell das Fenster.

Rabe Knaster hüpft herein.
Im Schnabel trägt er einen Brief.
Zitterknax liest ihn laut vor:

„Lieber Zahlenzauberer,

für das Kinderfest am Sonntag
bestelle ich bei dir
viele tolle Zahlenzauber-Spiele.

Dein Freund, der Bürgermeister.“

„Bis Sonntag“,
krächzt Knaster.
„Das ist wenig Zeit.“

Zitterknax überlegt:
„Wir brauchen dringend
einen Zauberlehrling.
Sonst schaffen wir das nie!“

„Wir schauen uns einfach
auf dem Schulhof um“,
schlägt Knaster vor.
„Dort gibt es bestimmt
einige Rechenkünstler.“

Zitterknax ist einverstanden.
Schnell steigen sie in
ihr Wolkenschiff und segeln los.

Fini wird Zauberlehrling

Von oben können sie schon
den Schulhof sehen.
Es ist große Pause.

„All die vielen Kinder!“,
staunt Zitterknax.
„Aber welches von ihnen
rechnet, zählt und rätselt gern?“

Plötzlich ruft er:
„Schau, dort drüben, Knaster!“
Einige hüpfen über
ein magisches Kreuz.
Sie spielen „Himmel und Hölle“.

Gerade hüpft Fini auf einem Bein
durch das Zahlenkreuz.
Auf der Acht bleibt sie stehen.

Dann springt sie über die Sechs
hinüber in die Zehn.
Noch zehn Mal hüpfen!

Fini legt ein Steinchen
in das Kästchen „Himmel“.
Und springt noch einmal.

„Fini hat
schon wieder gewonnen!“,
ruft ein Mädchen.

Zitterknax klatscht
in die Hände.
„Glückwunsch!“,
jubelt er begeistert.

Fini dreht sich um.
„Wer bist du?“,
fragt sie erstaunt.

„Zitterknax, der Zahlenzauberer“,
stellt sich Zitterknax vor.
„Ich suche einen Zauberlehrling.
Hast du Lust?“

Fini überlegt.
„Was muss ich denn tun?“,
will sie wissen.

„Am Sonntag findet
ein großes Fest statt.
Dafür sollen wir spannende
Zahlenzauber-Spiele erfinden“,
antwortet Zitterknax aufgeregt.

„Das sind ja nur noch
drei Tage!“, rechnet Fini.
„Da müssen wir uns beeilen!“

Eins, zwei, drei –
große Zauberei.

Schon ist sie mit Zitterknax
auf dem Wolkenschiff.
Zusammen fliegen sie zum Schloss.

Zahlenzauber-Spiele

Knaster pickt
an einem Bonbon herum.
„Wie geht denn das Spiel?“,
fragt er neugierig.

„Wer mit den Bonbons
am schnellsten eine Aufgabe
auf den Tisch legt,
hat gewonnen!“, erklärt Fini.

„Ich probier es!“,
ruft Knaster.

Mit dem Schnabel legt er
ein Bonbonhäufchen.

„Richtig!“, lobt Zitterknax.
„9 + 1 = 10.“

Fini hat in der gleichen Zeit
drei Aufgaben gelegt:
3 + 7 = 10, 4 + 6 = 10, 8 + 2 = 10.

Knaster ist beleidigt.
Er schnappt sich drei Bonbons
von Finis Bonbonhaufen
und futtert sie einfach auf.

„Das ist eine prima Idee!“,
ruft Zitterknax Knaster zu.
„So können die Kinder gleich
weiterrechnen! Mal sehen:
10 – 3 = 7!“

Zitterknax zaubert für Fini
bunte Zahlen in die Luft.
Wie schön die Zahlen aussehen!

Und dann denkt sich Fini
noch ein Zahlen-Suchspiel
und ein Zahlen-Rätsel aus.

„Genug gezaubert“,
sagt Zitterknax schließlich.
„Morgen ist das Kinderfest.
Bis dahin müssen wir fit sein.“

Knaster gähnt.
Auch Fini ist müde.
Die drei legen sich schlafen.

Das Fest

Die Kinder
auf dem Marktplatz
freuen sich über
den großen Berg an Bonbons.

Zitterknax zaubert für sie
mit seinen Zahlen in der Luft.

Die vielen Spiele
machen den Kindern Spaß.

Sogar die schwierigen Aufgaben
lösen sie richtig:
10 + 10 = 20, 15 + 5 = 20,
18 + 2 = 20. 1

„Wie klug die Kinder
in meiner Stadt sind!“,
sagt der Bürgermeister stolz.

„Alle mal aufgepasst!“,
ruft da Zitterknax.

„Fini erzählt euch
ein Zahlen-Rätsel.
Wer die Lösung findet,
darf mit dem
Wolkenschiff fliegen!“

„Ein Zauberer zaubert
20 schwarze Kaninchen.

5 verschwinden sofort im Wald.
5 schenkt er seinem Freund.

Wie viele Möhren
muss er am Abend zaubern,
damit jedes seiner Kaninchen
eine Möhre bekommt?“

„Zehn!“, rufen
alle Kinder gleichzeitig.

„Ganz einfach“, sagt ein Junge.
„20 – 5 = 15, 15 – 5 = 10.
Zehn Kaninchen hat er noch,
und zehn Möhren braucht er.“

Knaster rechnet schnell nach.
Es stimmt!

Zitterknax ist begeistert.
Er ruft sein Wolkenschiff herbei.

Mit seinem Zahlen-Zauberstab
zaubert er das Schiff riesengroß.

„Steigt nur ein“, ruft er,
„ihr habt alle darin Platz!
Und los geht die Reise ...!“

Annelies Schwarz

Die Buchstabenhexe im Klassenzimmer

Illustriert von Sabine Kraushaar

Im Klassenzimmer

„Auf geht's, zur Schule!",
ruft Leni, die Buchstabenhexe.
Schnell schwingt sie sich
auf den Hexenbleistift.

Plop! Schon landet sie
auf dem Fensterbrett.
Im Klassenzimmer entdeckt
Leni ihren Freund Moritz.
Sie will ihn rufen.
Doch plötzlich schrillt
die Schulglocke.

Moritz läuft mit den Kindern
auf den Schulhof.

Zum Glück ist jetzt
das Fenster offen.
Leni fliegt neugierig
in das Klassenzimmer hinein.

„So viele tolle Buchstaben.
Die will ich haben!“,
sagt Leni.

Sie streckt die Hand aus
und hext.

Schon sausen die schönsten
Buchstaben zu Leni.

Achtung, die Kinder
kommen zurück!
Geschwind versteckt sich Leni
auf dem Schrank.

Im Versteck

„Lies bitte deinen Satz vor!“,
sagt die Lehrerin.

Moritz liest: „Die   meise
krabbelt über die   aumwurzel.“

Alle Kinder lachen,
nur Frau Hasenjäger
blickt streng.

„Ich habe vorhin wirklich
‚Ameise' und ‚Baumwurzel'
geschrieben", sagt Moritz.

Jetzt liest Melina:
„Der   äfer krabbelt
in die   lüte.“

„Was ist das
für dummes Zeug!“,
schimpft Frau Hasenjäger.

Da hört Moritz
ein leises Kichern
aus dem Schrank.
Er weiß es sofort:
Das war Leni!

„Bitte, Leni, gib uns
die Buchstaben zurück“,
flüstert Moritz.

Das große A
tanzt durch die Luft.

Es setzt sich
in Moritz' Heft
vor die meise.

Jetzt schickt Leni
auch die anderen Buchstaben
in die Hefte zurück.

Melina fängt das K und das B.
„Mein Satz ist wieder richtig!“,
ruft sie.

„Seltsam, seltsam, das Ganze“,
murmelt Frau Hasenjäger.

„Ich weiß, wo du bist.
Komm her, Leni“,
sagt Moritz in der Pause.

Im Nu klettert Leni
aus dem Schrank.

„Hex mich lieber klein,
dann sausen wir zusammen
durchs Schulhaus“, sagt er.

„Nichts lieber als das“,
sagt Leni
und hext gleich los.

Leni und Moritz fliegen
auf dem Hexenbleistift
durch den langen Flur.

„Buchstaben!“, ruft Leni.
An den Toilettentüren
hat sie die Schilder
MÄDCHEN und **JUNGEN**
entdeckt.

Schnell vertauscht sie
die Wörter.

„Ole“, schreit Tina
auf einmal.
„Was machst du
in der Mädchentoilette?“

Leni und Moritz
lachen sich ins Fäustchen.

Ärger

„Hui, wie toll!“, ruft Leni
und liest:
„Frau Hasenjäger
Klasse 3a,
Herr Ochsenkopf
Klasse 3b.“

„Hex mal lieber
nicht,
sonst gibt es Ärger“,
sagt Moritz.

Zu spät!
Schon heißen die Lehrer
Frau Hasenkopf
und Herr Ochsenjäger.

Schnell hext Leni
Moritz wieder groß
und versteckt sich.

Plötzlich steht Frau Hasenjäger
in der Tür.
„Wer hat das geschrieben?“

„Wir waren das nicht“,
sagen die Kinder.
„Dann muss ich
den Hausmeister holen.
Er muss das Schild
ausbessern“, ruft die Lehrerin.

Kaum ist die Lehrerin weg,
hüpft Leni auf das Pult.

„Ich war das!“, sagt sie.
„Hexen macht mir eben
so viel Spaß!“

„Kannst du noch mehr?“,
fragen die Kinder.
„Klar“, sagt Leni.
Schon steht wieder
„Frau Hasenjäger“ an der Tür.

„Komisch“, sagt die Lehrerin
zum Hausmeister.
„Jetzt stimmt’s ja wieder.“
Die Kinder kichern.

Tolle Hexerei

„Sonntag ist Schulfest“,
schreibt Frau Hasenjäger.

Hui! Die Buchstaben
tauschen die Plätze.

„Was ist heute
nur los?“,
staunt die Lehrerin.

„Ich hab eine Idee
zum Schulfest“, sagt sie.
„Wollt ihr nicht
leckere Sachen verkaufen?“

„Toll!“, rufen die Kinder
und schreiben
die Vorschläge an die Tafel:

Leni hext schnell:
Buchstabensuppe,
Buchstabensalat,
Buchstabenkekse!

„Ich liebe die Buchstaben so!“,
flüstert Leni.
Doch die Lehrerin wundert sich.

„Wir wollen
ein Buchstabenfest feiern!“,
rufen die Kinder.
„Einverstanden“,
sagt Frau Hasenjäger.

„Wir könnten auch bunte
Buchstaben malen und damit
die Wände schmücken“,
sagt Moritz.

„Dann kann ich ganz viele
Buchstaben vertauschen“,
ruft Leni begeistert.
Sie saust vor Freude
durchs Klassenzimmer.

Udo Richard

Der kleine Zahlenteufel in der Schule

Illustriert von Jan Birck

Schwierige Hausaufgaben

„Mist!“, ruft Jan.
Wütend fegt er
das Rechenheft vom Tisch.

Es ist wie verhext.
Ausgerechnet heute kriegt er
keine einzige Aufgabe raus.

In seinem Kopf schwirren
tausende von Zahlen
wild durcheinander.

Und dabei will Frau Seidel,
seine Klassenlehrerin,
schon morgen
eine Probearbeit
schreiben lassen.

„Oh Mann“, denkt Jan.
„Das kann ja heiter werden!“

Was ist denn das?

Plötzlich hört er jemanden
ganz fürchterlich schimpfen.

„Spinnst du?
Man feuert doch nicht
einfach so sein Rechenheft
durch die Gegend!“,
meckerte es von irgendwoher.

Jan schaut
unter den Schreibtisch.
Er traut seinen Augen nicht.

Neben seinem Rechenheft
sitzt ein kleines Teufelchen.

„W-wer b-bist du denn?“,
stottert er.

„Siehst du das nicht?
Ich bin Diabolo,
das Zahlenteufelchen aus
deinem Rechenheft!“

„Ein Zahlenteufelchen?“,
fragt Jan entgeistert.
„Hat denn das jeder
in seinem Rechenheft?“

Diabolo stemmt entrüstet
die Arme in die Seiten.

„Natürlich nicht!“, ruft er. „Ich bin schließlich einzigartig!“

„Dann hast du also heute meine Zahlen durcheinandergebracht!“, schimpft Jan wütend.

Na ja, ich … äh …“,
stammelt
Diabolo verlegen.

„Na warte“, sagt Jan,
„du kannst was erleben!“

Rache ist süß

Blitzschnell packt Jan
das Rechenheft.

„So, in meinem Rechenheft
hast du jedenfalls
nichts mehr zu suchen!“

„Halt! Warte!“,
ruft Diabolo verzweifelt.
„Wie soll ich denn jetzt
Zahlenquatsch machen?“

„Das ist mir doch egal!“,
erwidert Jan ungerührt.

„Ach, lieber Jan“,
fleht das Teufelchen jetzt.
„Dann nimm mich doch bitte
morgen mit in die Rechenstunde.
Dann könnte ich dort
die Zahlen durcheinanderbringen.“

„Gar keine so schlechte Idee“,
denkt sich Jan.

„Also gut!“, sagt er.
„Aber nur,
wenn du verhinderst,
dass wir morgen
eine Rechenarbeit schreiben!“

„Au ja!“,
schreit Diabolo begeistert.

Der Spaß beginnt

Am nächsten Morgen
kommt Frau Seidel
mit einem Stapel Arbeitsblätter
in die Rechenstunde.

Die Klasse stöhnt.

Neugierig linst Diabolo
aus Jans Schulranzen hervor –

und ist – wusch – auch schon
auf dem Lehrerpult gelandet.

Niemand aus Jans Klasse
hat Diabolo bemerkt.

Anscheinend kann nur
Jan den Zahlenteufel sehen.

„Also, Kinder“,
beginnt Frau Seidel,
„vor der Probearbeit
lösen wir zum Aufwärmen
ein paar Minusaufgaben.“

„Aufwärmen ist gut“,
denkt sich Diabolo.

Er spuckt ein bisschen Feuer.

Ein bisschen hierhin,
ein bisschen dorthin.

Schön vorsichtig,
um niemanden zu verbrennen.

„Puh, ist das heiß“,
ruft Frau Seidel.

Sie öffnet das Fenster
und schaut aufs Thermometer.

„Tatsächlich: 28 Grad“,
staunt sie.
„Und das im April!“

„Aber jetzt rechnen wir!
Jan, wie viel ist 11 minus 7?“

Hexerei im Klassenzimmer

Jan überlegt.

Da bemerkt er plötzlich
etwas Merkwürdiges.

Elf Arbeitsblätter schweben
langsam vom Pult empor.

Sie verwandeln sich
wie von Geisterhand
in wunderschöne Papierflieger …

… und segeln
kreuz und quer
durchs Klassenzimmer.

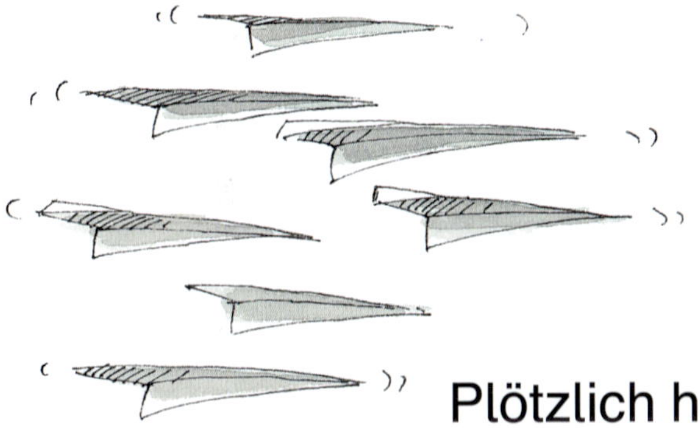

Plötzlich halten
sieben von ihnen inne
und sausen im Sturzflug
aus dem Fenster.

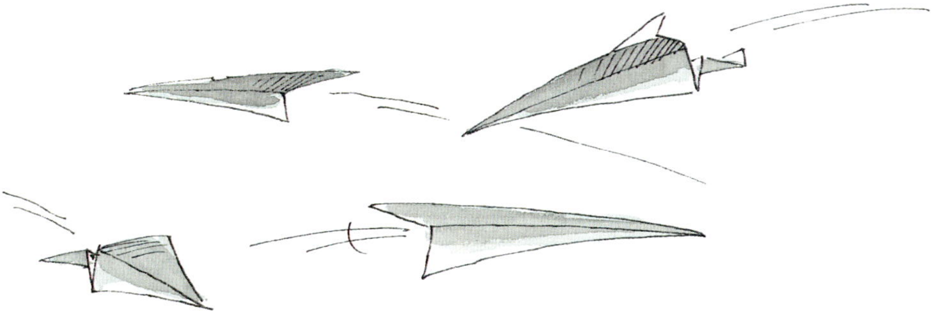

Die übrigen vier ziehen weiter
gemächlich ihre Runden,
bis auch sie sich
einer nach dem anderen
durchs Fenster davonmachen.

Die Klasse ist starr
vor Staunen.

„V-v-vier“, löst Jan
die Rechenaufgabe.

„Richtig“, freut sich
Frau Seidel.
Sie hat von alledem
gar nichts bemerkt.

Gut gemacht, Diabolo!

Die Lehrerin will nun
die Arbeitsblätter austeilen.

Aber es sind ja
viel zu wenig!

Frau Seidel ist ratlos.
Wo sind nur
die Arbeitsblätter geblieben?

„Es ist aber auch
wirklich heiß hier!“,
seufzt sie.
„Viel zu warm zum Arbeiten.
Ich will noch einmal sehen,
was das Thermometer sagt!“

Darauf hat Diabolo nur gewartet.
Mit heißem Atem haucht er
auf das Thermometer.

„31 Grad!“,
ruft Frau Seidel verblüfft.
„Hitzefrei!“

„Hurra!“, jubeln die Kinder
und beginnen einzupacken.

Auch die Lehrerin nimmt
kopfschüttelnd ihre Tasche
und geht zur Tür.

Und wer sitzt da
auf Frau Seidels Tasche?

Es ist Diabolo!
Er blinzelt Jan zum Abschied
spitzbübisch zu.

Quellenverzeichnis

S. 9–17
Sabine Kalwitzki, *Roberto*,
aus: dies., Lesetiger-Schulklassengeschichten,
farbig illustriert von Katharina Wieker.
© Loewe Verlag GmbH, Bindlach 2006

S. 18–25
Claudia Lander, *Der Bücherwurm*,
aus: dies., Kleine Lesetiger-Schulgeschichten,
farbig illustriert von Kerstin Völker.
© Loewe Verlag GmbH, Bindlach 2001

S. 26–35
Petra Fietzek, *Heimlich*,
aus: dies., Kleine Lesetiger-Mutgeschichten,
farbig illustriert von Katharina Wieker.
© Loewe Verlag GmbH, Bindlach 2004

S. 36–46
Sabine Kalwitzki, *So ein Theater!*,
aus: dies., Lesetiger-Schulklassengeschichten,
farbig illustriert von Katharina Wieker.
© Loewe Verlag GmbH, Bindlach 2006

S. 47–54
Julia Boehme, *In der Piratenschule*,
aus: dies., Lesetiger-Piratengeschichten,
farbig illustriert von Eva Czerwenka.
© Loewe Verlag GmbH, Bindlach 2002,2012

S. 55–62
Sabine Kalwitzki, *Der Geburtstagswunsch*,
aus: dies., Lesetiger-Schulklassengeschichten,
farbig illustriert von Katharina Wieker.
© Loewe Verlag GmbH, Bindlach 2006

S. 63–71
Claudia Lander, *Retter in letzter Not*,
aus: dies., Kleine Lesetiger-Schulgeschichten,
farbig illustriert von Kerstin Völker.
© Loewe Verlag GmbH, Bindlach 2001

S. 72–81
Sabine Kalwitzki, *Lesepatentante*,
aus: dies., Lesetiger-Schulklassengeschichten,
farbig illustriert von Katharina Wieker.
© Loewe Verlag GmbH, Bindlach 2006

S. 82–91
Claudia Lander, *Prinz, der Kicker*,
aus: dies., Kleine Lesetiger-Schulgeschichten,
farbig illustriert von Kerstin Völker.
© Loewe Verlag GmbH, Bindlach 2001

S. 92–123
Annelies Schwarz, Lesespatz – Zitterknax zaubert Zahlenspaß
farbig illustriert von Silke Voigt.
© Loewe Verlag GmbH, Bindlach 2007

S. 124–154
Annelies Schwarz, Lesespatz – Die Buchstabenhexe im Klassenzimmer,
farbig illustriert von Sabine Kraushaar.
© Loewe Verlag GmbH, Bindlach 2001

S. 155–184
Udo Richard, Lesespatz – Der kleine Zahlenteufel in der Schule,
farbig illustriert von Jan Birck.
© Loewe Verlag GmbH, Bindlach 2001

Das will ich lesen!

ISBN 978-3-7432-1632-7

ISBN 978-3-7432-1633-4

ISBN 978-3-7432-1734-8

ISBN 978-3-7432-1749-2

Loewe
Das will ich lesen!

Das will ich lesen!

ISBN 978-3-7432-1426-2

ISBN 978-3-7432-1527-6

ISBN 978-3-7432-1804-8

ISBN 978-3-7432-1805-5

Loewe
Das will ich lesen!

Das will ich lesen!

ISBN 978-3-7432-1175-9

ISBN 978-3-7432-1187-2

ISBN 978-3-7432-1188-9

ISBN 978-3-7432-1797-3

Loewe
Das will ich lesen!

Das will ich lesen!

ISBN 978-3-7432-0812-4

ISBN 978-3-7432-0813-1

ISBN 978-3-7432-1526-9

ISBN 978-3-7432-1757-7

Loewe
Das will ich lesen!